In allen Farben

Texte: Gisela Darrah

Fotos: Brita Rüsseler

Coverdesign: Yuser Alsalkini

© 2020
Herstellung und Verlag:
BoD – Books on Demand, Norderstedt
ISBN: 978-3-7481-8253-5

***Ohne Farbe** – wäre die Queen nur eine kleine alte Dame.*

***Ohne Farbe** – wäre der Herbst nur das Fallen der Blätter.*

***Ohne Farbe** – wüssten wir nicht, wann die Äpfel reif sind.*

***Ohne Farbe** – hätten wir keine rosigen Zeiten.*

***Ohne Farbe** – wäre Schönheit, Freude und Begeisterung blass.*

***Ohne Farbe** – könnte keiner das Blaue vom Himmel herunterlügen.*

***Ohne Farbe** – könnten wir die politischen Parteien*

nur durch ihre Buchstaben unterscheiden.

***Ohne Farbe** – könnte eine große Orange eine kleine Grapefruit sein.*

***Ohne Farbe** – wäre nichts mehr im grünen Bereich.*

***Ohne Farbe** – hätte Angela Merkel zwanzig gleiche Jacken im Schrank.*

***Ohne Farbe** – wäre ein Sonnenuntergang nur das Verschwinden der Sonne.*

***Ohne Farbe** – wäre es für uns schwer, unseren Gefühlen Ausdruck zu verleihen
und persönliche Zeichen zu setzen.*

Vielleicht unmöglich.

Lebensfreude in Rot

Rotkäppchen
hüpft
fröhlich und selbstbewusst
durch den Wald.

Klatschmohn
leuchtet
in klarem Rot
auf dem Feld.

Die edle, rote Rose
ist Sinnbild
für Schönheit und Liebe.

Meine rote Lieblingsjacke
ziehe ich an,
gewinne gute Laune
und Zuversicht.

Rote Kirschen
hängen verlockend
am Baum,
saftig und süß.

Ich seh rot, wenn du sagst,
dass du später kommst.
Pünktlich hast du´s
wieder nicht geschafft.

Ich seh rot, wenn du fragst,
ob ich das machen kann,
du bist zu abgeschlafft.

Ich seh rot, wenn du willst,
dass ich anders bin,
das raubt mir noch den Verstand.

Ich seh rot, wenn du schreist,
und ich schreie zurück,
uns stört die Fliege an der Wand.

Und unsere Ampel schaltet auf Rot.
Grün ist lange vorbei.
Wir bewerfen uns mit heftigen Worten,
reden nicht um den heißen Brei.

Nach einiger Zeit
geht die Ampel auf Gelb.
Und Grün ist schon in Sicht.
Und eigentlich war doch alles ok.
Was war los? Wir wissen es nicht.

Rotlicht

*Erwärmen wir das kranke Ohr
oder die erotische Stimmung?*

*Verwenden wir ein Heizgerät
oder eine Stripshow im Rotlichtmillieu?*

*Das rote Licht durchdringt uns,
stimuliert, erregt,
geht unter die Haut.*

*Aufregend, anregend,
Aufmerksamkeit erregend
wie eine rote Ampel,
wie der Rotstift einer Korrektur,
der rote Faden, dem wir folgen.*

*Da werden wir hellwach
und erröten.*

Zartrosa

junges Leben

eine erste Ahnung

ein Hauch

duftig und leicht

ein Blütenblatt

ein Babypopo

eine Heckenrose

ein Flüstern in Farbe

ein gehauchter Kuss

ein erwachender Tag

ein beginnendes Leben

Die rosa Brille

„Du hast eine rosa Brille auf.
Du bist naiv.
Siehst die sichtbare Welt nicht so,
wie sie ist.
Siehst nicht,
wieviel alles kostet.
Verstehst nicht,
wie man am besten voran kommt.
Siehst nicht,
was man schon immer so gemacht hat.“

„Ich empfinde Stimmungen
und Strömungen
und Energien.
Beweisen kann ich nichts.
Es sind innere Wahrheiten.
Die rosa Brille absetzen?
Um keinen Preis der Welt.
Der innere Fluss
fließt in das Land
der Zukunft.“

*In dem rosa Kinderzimmer
die Lampe strahlt im rosa Schimmer.*

*Ein rosa Schweinchen
mit rosa Beinchen,
ein rosa Höschen,
ein rosa Döschen,
ein rosa Einhorn,
das rosa Bein vorn,
mit goldenen Flügeln
auf goldenen Hügeln.*

*Über dem Bett
ein rosa Himmel,
oh, wie nett,
ein weißer Schimmel
mit rosa Schweif,
ein rosa Reif
und viele andere rosa Sachen,
die kleinen Mädchen Freude machen.*

*Bis eines Tages es passiert,
dass das Kind seine Rosaliebe verliert
und plötzlich zu der Mutter spricht:
„Rosa Sachen mag ich nicht.“*

*Erleuchtete leuchten
in Orange.*

*Buddhistische Mönche
in den Farben des Lichts.*

*Fröhliche Askese
beeindruckt westliche Menschen.*

*Kein Besitz.
Keine Familie.
Keine Selbstverwirklichung.*

*Nur Hingabe
und Strahlen in Orange.*

Schau mal her,
sagt der Kürbis,
der nach gar nichts schmeckt.
Ich bin wer.

Ich bin groß.
Ich bin leuchtend.
Ich bin orange,
wie Sonne und Blut.

Du kannst mich nicht übersehen.
Und sie würzen ihn,
exotisch,
traditionell,
süß-sauer,
raffiniert.

Und sie lieben ihn,
den Kürbis,
der nach gar nichts schmeckt.
Ein Hingucker.

Früchte in Orange

machen Appetit, stimmen positiv,

schaffen Wohlgefühl, beleben.

Orangen,

Mandarinen,

Mango,

Papaya,

Khaki.

Sie fangen südliche Sonne ein

und bringen diese im Winter zu uns.

Lebensfreude,

Exotik,

südliches Flair,

Sonnenaroma.

Die alten Ägypter

verehrten

den Sonnengott Ra.

Das göttliche Licht.

Sonnenaufgang.

Freude und Energie.

Strahlendes Gelb.

Seine Strahlen

bringen das Leben hervor.

Gold

*Goldregen – das wäre schön.
Leuchtend hängen die Blüten herab.*

*Das Goldrandgeschirr, zum Sonntag,
wenn Besuch kommt, das macht was her.*

*Goldrausch. Emsige Männer im Wasser
suchen ihr Glück zwischen den Steinen.*

*Sterntaler fängt goldene Sterne auf,
die vom Himmel herab sie von der Armut befreien.*

*Goldene Locken fallen über die Schultern
der Traumfrau, Inbegriff der Schönheit.*

*Goldener Oktober leuchtet noch einmal auf
vor dem Winter, beglückend.*

*Der Goldring besiegelt die Ehe
als Symbol und Wertobjekt, deutlich am Finger.*

Gelb
*Fröhliches Sonnenlicht
und bittere Galle.*

Gelb
*Butterblume auf der Wiese
und giftiges Kreuzkraut.*

Gelb
*Das Gold in unserer Flagge
und der Neid zwischen den Nachbarn.*

Gelb
*Fast rote Ampel im Straßenverkehr.
Warnende Karte auf dem Fußballplatz.*

Gelb
ist Freude und Warnung zugleich.

Algen
Moose
Farne
waren vor uns da

vor Tieren
vor Menschen

unser Ursprung ist grün

grünes Chlorophyll
kann Sonnenlicht aufnehmen
Energie tanken

ohne Grün
keine Nahrung für Tiere
keine Nahrung für Menschen
kein Gras, kein Salat
kein Baum, kein Strauch

ohne Grün wäre kein Leben

Grün frisst Braun

Es ist doch nur,
dass die Knospen aufspringen
und ihren grünen Inhalt entlassen.

Es ist doch nur,
dass Gras und Kräuter wachsen
und Sonnenlicht aufnehmen wollen.

Die Hecke, gestern noch braun,
ist heute grün.
Grün frisst Braun.
Unaufhaltsam,
mit gewaltigem Appetit.

Es schenkt uns
unsere Lieblingswelt zurück.
Eine Wiese zum Reinlegen.
Baumkronen zum Aufschauen.
Schnittlauch aufs Butterbrot.

Grüne Welle der Freude.

Grüne Welt

Grün ist unsere Welt
in der gemäßigten Zone
mit genügend Wasser
für Wiesen und Wälder.

Wären wir Wüstenbewohner,
wäre Grün die Farbe der Oasen,
inmitten von gelbbraunem Sand,
so weit das Auge reicht.

Wären wir Bewohner des Polarkreises,
würde Weiß, Blau und Türkis
unsere Welt ausmachen,
wie Schnee, Eis und Wasser.

Wir sind die Grünen.
Gras und Bäume sind unser Wohnzimmer.
So sehr, dass wir es
schon nicht mehr bemerken.

Unsere grüne Welt.
Möge Gott sie schützen.
Mögen wir verstehen,
wie kostbar sie ist.

ins Blaue hinein fahren
hoffnungsvoll
erwartungsvoll
mutig

den grauen Alltag erleben,
mühselig
beschwerlich
monoton

den blauen Himmel betrachten
Sonnenstrahlen
Wärme auf der Haut
Urlaubsgefühl

den grauen Himmel betrachten
trübselig, matt,
und du suchst eine Höhle
zum Verkriechen

blau ist der Himmel
das Meer
und die Weite
grau ist der Staub
und das Gemisch
aller Farben
die man dann nicht mehr
erkennen kann

Nachtblau
Jeansblau
Indigo

Marineblau
Preußischblau
Kornblumenblau

Himmelblau
Taubenblau
Eisblau

Mittelblau
Rauchblau
Dunkelblau

zuverlässig
konzentriert
unaufgeregt

*Das blaue Meer
ist von Natur aus
farblos.*

*Sonnenlicht
fällt auf das Wasser
mit allen Spektren der Farbe.*

*Wassermoleküle
filtern Farbtöne heraus.
Atomkerne geraten
in Schwingung.*

*Sie tanzen mit dem Rotlicht
und übrig bleibt
das Meeresblau.*

Mittelmeer
Südseeinsel
Gletschereis
kühl
frisch
prickelnd
außerirdisch

edler Stein
milchigblaugrün
schmückend
strahlend
exorbitant
nicht von dieser Welt

Türkis.

Rotkraut oder Blaukraut?
Rot oder Blau?
Das ist die Frage.

Oder ist es etwa Lila?

Die Farbe ist geheimnisvoll.
Besonders.
Wie eine lila Kuh,
die Werbung macht
für Schokolade.

Lavendelfelder
in der Provence
leuchten lila.

Lila schwankt
mal zu Rot,
mal zu Blau.

So wie das Gefühl der Farbe,
zwiespältig, fließend,
spirituell, kreativ.

Variationen in Braun

*Aus der Natur
kommen viele braune Dinge
und zur Natur
gehen sie zurück.*

*Sie sind Heimat und Fremde,
Boden und Zerfall,
umhüllen uns als Haut,
Fell, Schale, Stamm.*

*Von der Kastanie zur Haselnuss,
vom Lehmboden zum Humus,
von der Fichte bis zum Kirschbaum,
vom Kuhfladen bis zur Rehlosung.*

*Ob Herbstblatt oder Weidenkorb,
ob Acker oder Moor,
ob Erdhöhle oder Holzhaus,
die braunen Dinge
sind Geborgenheit,
Einhüllen, Bedecken.*

braune Erde

Nährboden unseres Seins

in der Winterruhe

unbeachtet

bald nimmst du

Samen auf

ernährst unsere Nahrung

bist Ursprung

unserer Energie

Holz
in unseren Häusern

lebendig

heimisch

Holz
in erdigem Braun

vertraut

und echt

Holz
von aufrechten Bäumen

stolz

und fest

Holz
für Boden und Schrank
für Sauna und Bett
für Wiege und Sarg

eine innere Heimat

Neubeginn in Weiß

*Ich ziehe als weiße Wolke
hin über das Land,
in welche Richtung
mir immer der Sinn steht
oder der Wind mich treibt.*

*Ich falle als weißer Schnee
auf beackerte Erde,
bedecke alles
und warte auf
neue Spuren.*

*Ich öffne mich
als weiße Blüte
im Brautkleid,
Duft verströmend
und bereit.*

*Ich liege als weißes Blatt,
unbeschrieben und klar,
wartend da,
freudig oder bang,
zukunftsträchtig.*

Schwarz-Weiß-Denken

Wenn es nicht weiß ist, muss es schwarz sein.
Wenn ich ein paar Fehler habe, bin ich schlecht.
Wenn man nicht vom Boden essen kann, ist es schmutzig.
Wenn ich mich nicht erinnere, bin ich dement.
Wenn ich Angst habe, habe ich keinen Mut.
Wenn ich kein Geld habe, bin ich arm.
Wenn ich mal geschwindelt habe, bin ich ein Lügner.

Denkst du!

Ich habe Angst und Mut zugleich.
Ich erinnere mich, aber erst am nächsten Tag.
Ich habe nicht viel Geld, und bin trotzdem reich.
Ich kann jeden Tag anders sein.
Ich bin sauber und rein,
und ein wenig Staub schadet mir nichts.
Ich sage dir die Wahrheit, wenn ich will, oder auch nicht.

Ich bin schwarz, ich bin weiß, ich bin ein Mensch.

Schwärze kommt über mich
wie das Hereinbrechen der Nacht.

Dunkle Gedanken dringen ein
und füllen die Seele.

Kein Licht kann ich sehen,
kein Ende des Tunnels.

Da ist kein Leuchten, kein Glanz,
nur unheilträchtige Nacht.

So wie der Tintenfisch das Wasser trübt
ist um mich herum nichts
als Trauer und Dunkelheit.

Es kommt der Abend und Stille kehrt ein,
es füllt sich dein Herz mit Ruh,
Alle Taten getan, alle Reden gehalten,
mit dir im Einklang bist du.

Die Wälder schweigen, die Berge stehn stumm,
majestätisch und mächtig.
Die Bäume, die Wiesen um dich herum
sind still und gut und prächtig.

Schwarz kommt die Nacht und hüllt dich ein,
du bist darin geborgen.
Du gibst dich ganz in die Ruhe hinein,
es schweigen alle Sorgen.

Grau in Grau

Findest du graue Haare
auf deinem Kopf
oder sind es schwarze und weiße?

Sind graue Schläfen
Zeichen einer Respektsperson
so wie der Silberrücken
bei einem Gorilla?

Ist dein Alltag ein grauer,
farblos, unbunt und mühselig?
Oder bist du gar schon
zur grauen Maus geworden?

Der Himmel jedenfalls
ist heute eine Symphonie
aus Schwarz und Weiß
und allen Schattierungen dazwischen
in der Grauzone der Luft.

Silbergrau

ein würdevoller Mensch
mit graumeliertem Haar
ehrenwert

ein grauer Anzug
in edlem Design
distinguiert

ein silbergrauer Mercedes
S-Klasse
edel

ein Silberstreifen
am Horizont
verheißungsvoll

eine Silbermünze
mit Siegel
ein Sammlerstück

schwarz wäre zu trist

bunt wäre zu banal

unentschieden

Grauzone

weder schwarz noch weiß

Dämmerung

weder Tag noch Nacht

etwas im Werden

etwas im Vergehen

unterwegs

nicht genau definiert

noch alles offen

es kann morgen

schon anders sein

Bunt ist fröhlich.
Bunt ist vielfältig.

In allen Variationen
und Geschmacksrichtungen.

Ein buntes Treiben,
eine bunte Palette.
Das Publikum bunt gemischt.

Von Buntspecht bis Buntstift
eine schöne Sache.

Bis es mir aber
irgendwann
dann doch zu bunt wird.

Du möchtest kein Rot, kein Gelb, kein Blau.

Was du willst, das weißt du nicht genau.

Sanft muss es sein, dich lieblich wiegen,

und muss sich zärtlich an dich schmiegen.

Das Leben ist heftig, manchmal knallhart.

Was du jetzt wünschst, ist leicht und zart.

Ist rosa, ist hellblau, auf jeden Fall hell,

*ist mit Weiß gemischt. Es heißt **Pastell.***